LEBE IM HIER UND JETZT

Es hat keinen Sinn, Vergangenem nachzutrauern. Was vorbei ist, ist vorbei. Manchmal braucht man zwar eine Weile, um das zu verstehen, aber es ist wichtig, das anzunehmen, um in der Gegenwart zu leben. Auch sollte man sich nicht übermäßig vor der Zukunft fürchten.

Genieße lieber den Tag und freue dich am Leben!

ES MUSS NICHT
IMMER ALLES
PERFEKT SEIN

Gerade auch das Unperfekte hat seinen Charme. Und wie langweilig würde die Welt sein, wenn alles perfekt wäre! Dann ist der Kuchen eben ein wenig schief, den du eben gebacken hast, dafür schmeckt er umso besser. Und was macht es schon, wenn das Bett mal nicht gemacht ist.

Dann hat man eben mehr Zeit für die wirklich wichtigen Dinge im Leben.

GEHE BEWUSST
DURCH DIE WELT
UND NIMM
DIE KLEINEN,
UNSCHEINBAREN
DINGE WAHR

Oft sind es nicht die großen Dinge, die uns glücklich machen, sondern die kleinen, unscheinbaren. Wie schön ist es, nach einer Woche Dauerregen endlich wieder die Sonne zu spüren. Setz dich auf eine Bank in den Park, schließe die Augen und genieße den Moment. Spürst du die Wärme?

Das ist das kleine Glück, das man sich Tag für Tag schaffen kann.

ENTDECKE NEUES

Das Schöne am Leben ist, dass man jeden Tag etwas Neues entdecken und lernen kann. Man muss nur seine Augen offen halten und zum Lernen bereit sein. Oft sind es nur ganz kleine Dinge, die einen ins Staunen versetzen können, aber man muss sie bemerken und ihren Wert erkennen.

Bewahre dir diese Fähigkeit.

WENIGER IST MEHR

Es muss nicht immer von allem das Tollste, Neuste, Meiste sein. Oft ist es viel besser, sich auf Weniges, auf Einfaches zu beschränken.

Denn die eigentliche Zufriedenheit findet sich in der Beschränkung.

TATEN STATT WORTE

Rede nicht zu viel und zu oft über das, was du tun willst. Schweige lieber und handle. Wandle die Energie, die du in das Drüber-Reden steckst, lieber in die Tat um.

Es macht dich selber zufriedener, wenn du nicht ständig von deinen Vorhaben redest und sie dann nicht in die Tat umsetzt, als wenn du einfach tust, was du vorhast.

BLEIB
GELASSEN

Es lebt sich viel leichter mit einer großen Portion Gelassenheit. Und mit Ruhe erreicht man viel mehr. Wenn du hektisch wirst, geht meistens nur noch mehr schief.

Also, in einer turbulenten Situation erst mal tief Luft holen und dann gelassen an die Sache rangehen.

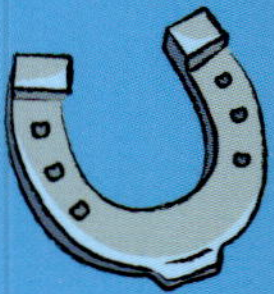

MACH DIR NICHT
ZU VIELE SORGEN

Sorgen zermürben einen nur und verursachen Falten. Sicher muss man über bestimmte Dinge länger nachdenken als über andere. Aber irgendwann muss auch einmal Schluss sein mit Grübeln. Sprich mit jemand Vertrautem über dein Problem. Du wirst sehen, Reden hilft fast immer.

Und schon ist deine Sorge überschaubar und du kannst getrost aufhören, dir Gedanken zu machen.

SCHAFFE DIR PHASEN DER **ERHOLUNG**

Plane im Ablauf des Jahres immer wieder kleine Urlaube ein. Verein-bare mit Freunden Zeiten, in denen ihr trotz Partner und Familie einfach mal zusammen wegfahrt. Und es mal wieder so richtig krachen lasst.

Wie in alten Zeiten!

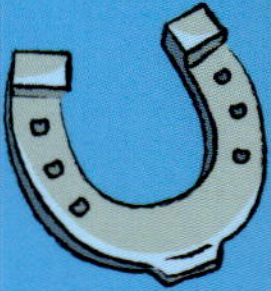

SCHAFFE DIR KLEINE FREUDEN

Es regnet und du hast in deinem Job gerade nichts als Ärger? Dann schaffe dir kleine Freuden, die dich aufmuntern. Triff dich mit deiner besten Freundin auf einen Kaffee. Kaufe dir die Tasche, auf die du schon lange ein Auge geworfen hast.

Das befreit von trüben Gedanken, und du wirst merken, dass dir gleich alles viel leichter von der Hand geht.

PFLEGE DEINE
FREUNDSCHAFTEN

Es ist so wichtig, Freunde zu haben. Von denen man weiß, dass sie immer für einen da sind. Aber Freundschaften muss man pflegen. Meist macht man das auch ganz automatisch, weil man gar nicht anders kann, als mit Freunden regelmäßig zu telefonieren oder ab und zu einen Brief zu schreiben.

Aber gerade dann, wenn man weiter auseinander wohnt, ist es wichtig, sich bewusst zu machen, dass eine Freundschaft nur blühen kann, wenn man sie ab und zu gießt.

SUCHE DIR
FREUNDE, WENN
ES DIR GUT GEHT

Solange es einem gut geht, strahlt man Zufriedenheit und Lebensfreude aus. Dann ist es leicht, neue Leute kennen zu lernen und Freundschaften zu schließen. Geht es einem aber schlecht, fällt einem das viel schwerer.

Deswegen suche dir Freunde in guten Zeiten, die dir dann auch gerne in schlechten Zeiten beistehen.

WISSEN,
WAS MAN WILL

Es ist wichtig zu wissen, was man will. Dabei geht es weniger um materielle Ziele, wie ein Haus oder ein Auto zu besitzen, sondern vielmehr um die Idee, was man im Leben erreichen möchte. Und das ist bei den meisten Menschen, wenn man es auf das Wesentliche reduziert, der Wunsch, glücklich zu sein. Deshalb überlege dir, was du zum Glücklichsein brauchst, und versuche es zu realisieren.

Du wirst sehen, wie wenig es im Grunde ist.

BLEIBE DIR SELBST TREU

Sei du selbst mit all deinen Ecken
und Kanten und bleib dir treu.
Versuch nicht, dich zu verbiegen,
wenn dir etwas gar nicht passt.
Dann lass es lieber ganz bleiben.

Menschen, die sich ihrer eigenen
Persönlichkeit bewusst sind
und wissen, was sie wollen,
haben es leichter im Leben.

ZEIGE
DEINE LIEBE

Zeige den Menschen, die dir etwas bedeuten, wie sehr du sie magst. Mit kleinen Geschenken, Briefen, Komplimenten.

Oft reichen schon ein paar liebe Worte, um dem anderen zu signalisieren, wie viel er einem bedeutet.

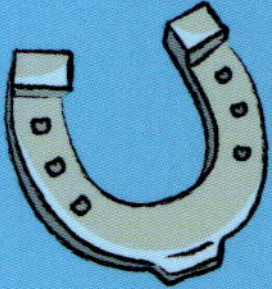

SCHAFFE DIR ZIELE

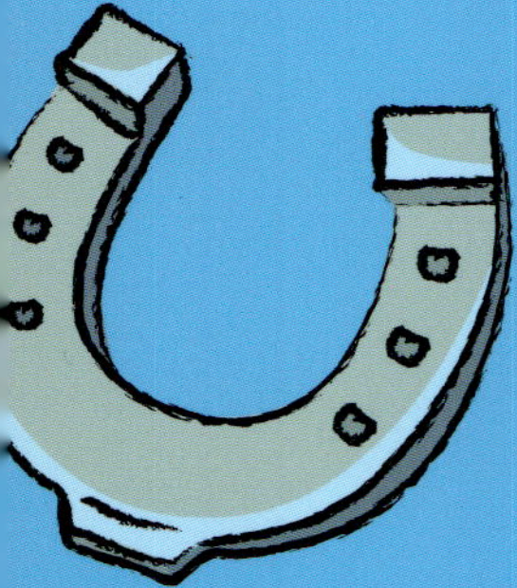

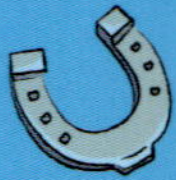

Auch wenn man immer sagt, der Weg ist das Ziel, so braucht man doch ein Ziel, um den Weg dorthin einschlagen zu können. Dass sich Ziele unterwegs ändern können, ist dabei nicht so wichtig. Aber es ist schwierig, ohne Träume und Ziele zu leben.

Es reicht schon, sich kleine Ziele zu stecken, darüber aber die großen Lebensträume nicht zu vergessen.

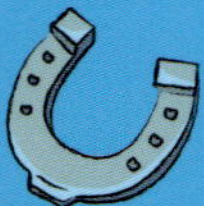

GENIESSE
DAS LEBEN
UND NIMM DIR
ZEIT FÜR DICH

Der Alltag hat dich fest im Griff und dein Denken bewegt sich schon in eingefahrenen Bahnen? Nimm dir einen Tag frei! Mach einen Spaziergang durch den Wald, höre das Zwitschern der Vögel und das Knacken der kleinen Äste unter deinen Füßen. Und riechst du, wie gut die Waldluft ist?

Nichtstun macht den Kopf frei und schafft Platz für neue Gedanken.

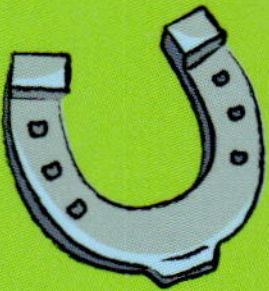

TASTE DICH ZU
DEINEN GRENZEN
VOR

Verharre nicht im Stillstand,
sondern versuche immerzu deinen
Horizont zu erweitern, dich selber
immer wieder neu auszuprobieren.
Und teste dabei gleichzeitig aus,
wo deine Grenzen liegen.

Denn nur wer seine Grenzen
kennt, kann sie auch immer
weiter ausbauen und verschieben.

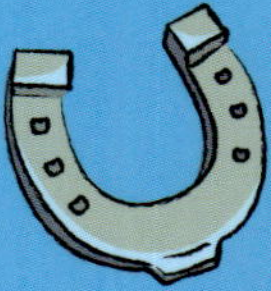

LASS DICH
VOM ABENTEUER
LOCKEN

Es gibt so viele Länder und Kulturen auf dieser Welt, für die es sich zu reisen lohnt. Und man kann auf diesen Reisen so viel lernen, über sich und über andere.

Man kann Anregungen sammeln, meist nur kleine Dinge, etwa ein besonderes Rezept oder die Art und Weise, Tücher zu drapieren, die dein Leben bereichern und deinen Horizont erweitern.

MAN SIEHT
NUR MIT DEM
HERZEN GUT

Manchmal urteilt man einen Menschen vorschnell ab. Weil man sich über ihn geärgert hat oder ihn von Anfang an nicht leiden konnte, ohne genau zu wissen, warum.

Verlass dich auf dein Herz, vielleicht versteckt sich hinter einer Fassade, die dich abstößt, der beste und verlässlichste Freund der Welt.

SIEH DIE WELT POSITIV

Alles negativ zu reden und in allem immer nur das Schlechte zu sehen, ist einfach. Aber versuch doch, in allem, was dir widerfährt, auch das Gute zu sehen.

Und oft ist es so, dass man zwar das eine, das man unbedingt haben wollte, nicht bekommt, aber dafür etwas anderes findet, an das man im Leben nicht dachte.

WIRF AUCH MAL
EINE REGEL
ÜBER DEN HAUFEN

Natürlich ist es gut, diszipliniert zu sein. Aber mal ehrlich, kann man etwas Unvernünftiges nicht viel mehr genießen? Es ist toll, wenn du dir vornimmst, regelmäßig zum Sport zu gehen. Aber wenn stattdessen einmal der Ausflug in den Biergarten mit guten Freunden lockt, dann sollte man den Sport Sport sein lassen und das Leben bei einem kühlen Bier genießen.

Denn Ausnahmen bestätigen schließlich die Regel.

DAS LEBEN STECKT VOLLER MÖGLICHKEITEN

Uns stehen Tag für Tag tausende von Möglichkeiten offen. Die meisten davon nehmen wir gar nicht wahr. Lass den Kopf nicht hängen, wenn es mal nicht so läuft, wie du es willst.

Denke ein bisschen nach, und du wirst sehen, es gibt ganz sicher eine Lösung, mit der du trotzdem zufrieden sein kannst.

VERBRING EINEN
SCHÖNEN TAG
MIT FREUNDEN

Es gibt im Leben nichts Wichtigeres als Familie und Freunde. Lade doch mal wieder gute Freunde zu einem ausgiebigen Sonntagsbrunch ein. Was gibt es Schöneres, als einen ganzen Vormittag mit guten Gesprächen und ausgiebigem Lachen zu verbringen?

Und eh man sichs versieht, ist der Tag rum und man sitzt bei Anbruch der Dämmerung immer noch gut gelaunt beieinander.

ES GIBT KEINEN
WEG ZUM GLÜCK.
GLÜCKLICH SEIN
IST DER WEG.

GAUTAMA BUDDHA

Man kann die Glücksführerscheinkarten auch verschenken:

- für Menschen, die einem am Herzen liegen und die etwas Aufheiterung gebrauchen können.
- als Ermunterung für Menschen in einer schwierigen Lebenssituation.
- als Lesezeichen für einen lieben Freund.
- als Dankeschön für nette Nachbarn.

LEBE
BEWUSST

Dazu gehört auch eine gesunde und
bewusste Ernährung und viel
Bewegung. Denn ein glücklicher
und kreativer Geist braucht einen
gesunden Körper.

*Und nur, wenn du dich
in deiner eigenen Haut
wohl fühlst, strahlst du auch
Gelassenheit und Glück aus.*

NIMM

DAS LEBEN

NICHT SO

SCHWER

Sieh deine Probleme immer in der Relation zu anderen Dingen. Schon werden sie kleiner oder verschwinden sogar ganz! Es lebt sich angenehmer, wenn man nicht alle Dinge ständig durchdenkt und gar nicht mehr aufhören kann, über sie nachzudenken.

Denn dann vergisst man vor lauter Denken zu leben.

SEI DANKBAR
FÜR DAS,
WAS DU HAST

Beneide die anderen nicht um das, was sie haben. Blicke auf das, was du hast, denn es ist nicht selbstverständlich.

*Und vielleicht merkst du
schon gar nicht mehr,
wie glücklich du eigentlich bist,
weil du immer nur
dem hinterherrennst,
was du nicht erreichen kannst.*

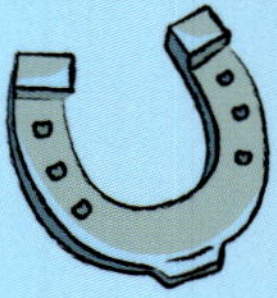

VERSCHENKE EIN LÄCHELN UND ES KOMMT TAUSENDFACH ZU DIR ZURÜCK

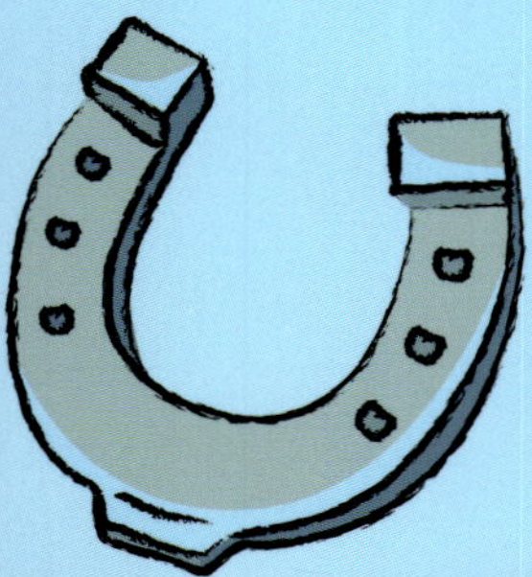

Fang den Tag schon mit einem Lächeln an. Wenn du vor dem Spiegel stehst, lächle dein Spiegelbild an, schon geht es dir besser. Grüße die Kassiererin im Supermarkt mit einem fröhlichen Lachen, sei freundlich zum Busfahrer, lächle deinen Chef an.

Du wirst sehen,
die Freundlichkeit, die
du ausstrahlst,
kehrt zu dir zurück.

SUCHE DIR

GEBORGENHEIT

Wo fühlst du dich am wohlsten? Was tut dir gut? Welche Menschen geben dir Wärme und das Gefühl, zu Hause zu sein? Umgib dich möglichst oft mit diesen Menschen und suche ihre Nähe. Versuche es dir, wo du auch bist, gemütlich zu machen.

Hänge dir Bilder in deinem Büro auf und stelle Pflanzen auf, denn nur in einer angenehmen Umgebung kann man auch entspannt arbeiten.

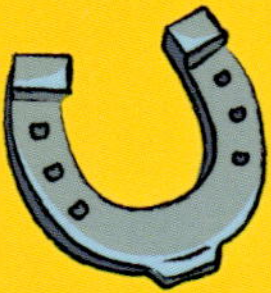

GÖNNE ANDEREN IHR GLÜCK

Freue dich aufrichtig, wenn Kollegen oder Freunde etwas Entscheidendes erreicht haben und vergehe nicht vor Neid, wenn jemand etwas hat, was du nicht hast. Nur wer mit sich selber im Reinen ist, kann sich auch mit anderen aufrichtig freuen.

Und dann gönnt man auch dir von Herzen dein Glück.

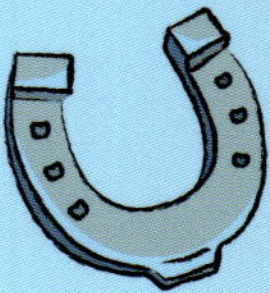

KRITIK ANNEHMEN

Kritik an einem selber kann man manchmal nur schwer verkraften. Vor allem, wenn sie von Fremden kommt. Deswegen hör auf deine Freunde und deine Familie, denn die sind ehrlich zu dir. Denk über das nach, was sie an dir auszusetzen haben, und versuche an dir zu arbeiten. Nicht alle Ecken und Kanten sind auch wirklich liebenswert.

Und du wirst merken, wie gut es tut, wenn man sich ein Stück weit positiv verändert.

MACHE DIR GEDANKEN ÜBER DAS LEBEN

Denke nach über das Hier und Jetzt, über Vergangenes und Kommendes. Über das Warum und das Weshalb. Suche dir einen Sinn in den Dingen und belasse es nicht mit dem Kratzen an der Oberfläche. Tauche ab und zu hinein in die Tiefe deiner Gedanken und philosophiere über das Dasein. Auch wenn du nicht auf alle Fragen Antworten findest, so bekommst du vielleicht eine Ahnung von den Weltzusammenhängen.

Und findest so einen Halt in der Welt.

BETRACHTE
DAS LEBEN ALS
EIN KUNSTWERK

Sei selbst ein Künstler im Gesamtkunstwerk Leben. Gehe morgens im Park spazieren und betrachte die Spinnennetze, die mit Tautropfen behangen in der Morgensonne glitzern. Nimm einen Fotoapparat mit und halte diesen Moment fest.

Nun ist es an dir, was du aus diesem Bild zauberst. Sei kreativ!

HINFALLEN KANN JEDER, NUR MUSS MAN AUCH WIEDER AUFSTEHEN

Es geht im Leben nicht immer alles glatt, manchmal steht man vor einem vermeintlichen Abgrund, und vor lauter Furcht, dass man noch weiter hinunterfallen könnte, ist man wie gelähmt. Deshalb sieht man den kleinen, halb verborgenen Weg nicht, der um die Schlucht herum führt.

Steh immer wieder auf, denn es gibt einen Weg, auch wenn er manchmal ein wenig steil ist.

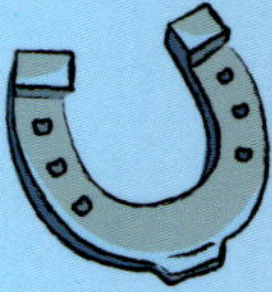

SEI

NAIV

Manchmal ist es gar nicht so schlecht, ein wenig naiv und unbedarft zu sein. Denn so geht man unvoreingenommen an eine Sache heran und ist nicht schon mit Vorurteilen voll geladen.

Und so kann man Dinge von einer etwas anderen Seite betrachten und auch anderen die Augen für diese ungewöhnliche Sicht der Dinge öffnen.

LASS KEINEN
STREIT ÜBER
NACHT WÄHREN

Streit gehört zum Leben dazu. Aber egal, mit wem du dich streitest, mit dem Partner, einem Freund oder den Eltern, bei einem Streit sollte man kurz seinen Gefühlen Luft machen, und wenn du dann Dampf abgelassen hast, sollte der Anlass schnell wieder vergessen sein.

Mache es dir zur Regel, keinen Streit über Nacht andauern zu lassen.

WER ANDERE
NEBEN SICH
KLEIN MACHT,
WIRD NIE GROSS

Versuche, dich nicht ständig in den Mittelpunkt zu rücken und andere neben dir verblassen zu lassen. Du bist dann vielleicht ein gern gesehener Partygast, aber nur um ein bisschen Schwung in die Feier zu bringen.

Ansonsten meidet man dich eher, denn wer umgibt sich schon gerne mit einem Menschen, der immer und um jeden Preis die Aufmerksamkeit auf sich ziehen will und dabei alle um sich herum klein macht.

LEBE

INTENSIV

Lebe jeden Tag, als ob es dein letzter sein könnte. Versuche jeden Tag bewusst zu leben und auszukosten. Genieße es, aufzustehen und dich zur recken und zu strecken. Atme die frische Morgenluft ein und behalte dieses Gefühl den Tag über bei.

Erfreue dich an all den kleinen Kostbarkeiten, die das Leben Tag für Tag für dich bereithält.

SEI

EHRLICH!

Mit Ehrlichkeit kommt man am weitesten. Und außerdem ist Aufrichtigkeit das allerbeste Ruhekissen. Denn wer schläft schon gut, wenn er sich mit jedem Tag tiefer in ein Netz aus Lügen und Intrigen hineinspinnt.

Man kann auch unangenehme Dinge sagen, man muss sie nur diplomatisch verpacken.

GEHT NICHT, GIBTS NICHT

Es gibt für jedes Problem eine Lösung. Man darf niemals zu schnell aufgeben.

Manchmal liegt die Lösung etwas weiter entfernt und man muss ein wenig um die Ecke denken.

EIN GROSSES STÜCK VOM WAHREN GLÜCK...

... das möchte jeder gerne abhaben. Aber wie geht das? Mit der richtigen Einstellung kann man sich das kleine große Glück selber schaffen. Dieser Führerschein zum Glücklichsein enthält 64 Kärtchen als Begleiter und Ratgeber auf dem Weg in ein glückliches Leben.

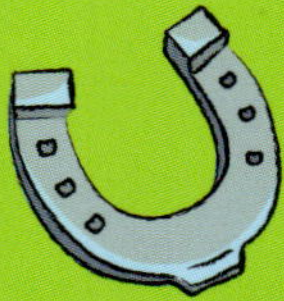

Tagesmotto: Einfach am Morgen eine Glücksführerscheinkarte ziehen und den Tipp als Motto für den Tag mit auf den Weg nehmen.

Glückskonzept: Wenn man von kleineren oder größeren Alltagssorgen geplagt wird, eine Karte ziehen und sich so einen neuen Blickwinkel auf die momentane Situation verschaffen. Dann sollte man aber gezielt nach einer Karte suchen, die auf die aktuelle Gefühlslage passt.

Memo: Glücksführerscheinkarten mit einem Motto, das einem besonders am Herzen liegt, an augenfälligen Stellen platzieren, zum Beispiel am Spiegel, so vergisst man die Botschaft nicht.

GLÜCK IST ...

... ZU LIEBEN

... VANILLEEIS MIT HEISSEN HIMBEEREN

... EIN REGENBOGEN

... GESUND ZU SEIN

...DEN FRÜHLING SCHON RIECHEN ZU KÖNNEN

Text: Felicitas Weißenburg
Gestaltung und Illustration:
elektrolyten, Petra Schmidt, München,
www.elektrolyten.de
Printed by Tien Wah Press

ISBN-13: 978-3-7607-2372-3
ISBN-10:3-7607-2372-1

www.arsedition.de

BLEIBE UNABHÄNGIG

Versuche in allen Dingen deine Unabhängigkeit zu bewahren. Es lebt sich leichter und angenehmer mit dem Gefühl, eigenständig zu sein. Was aber nicht bedeutet, dass man nur noch alleine vor sich hin leben muss.

Aber man strahlt eine größere Sicherheit und Ruhe aus, wenn man sich seiner selbst geschaffenen Freiheit bewusst ist und in sich selber ruht.

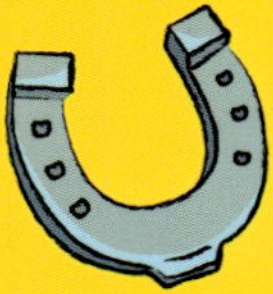

NIMM DIR
AB UND ZU EINE
KLEINE AUSZEIT

Zieh dich ab und zu mal einen Tag zurück, gehe alleine spazieren oder bleib zu Hause, vielleicht gerade dann, wenn das Wetter schlecht ist. Mach dir einen heißen Tee, lege dich in die Badewanne und genieße die Ruhe. Oder stricke einen Schal und höre ein Hörbuch dazu und lass dich in ferne Welten entführen.

So kannst du wieder Kraft tanken und dem Alltag mit neuer Energie begegnen.

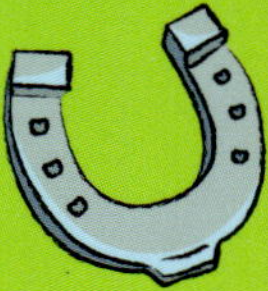

HAB
GEDULD

Nichts geht von heute auf morgen. Manchmal muss man ein bisschen abwarten und den Dingen ihren Lauf lassen. Ungeduld stresst nur dich selber, treibt aber in den seltensten Fällen etwas voran.

Lass alles etwas ruhiger angehen, und wenn etwas heute nicht klappt, dann dafür morgen.

SEI MAL WIEDER
EIN KIND

Vergiss das Kind in dir nicht und sieh die Welt ab und zu mit Kinderaugen. Sprich mit deinen Teddybären und lass keinen Spielplatz aus, um dort nach Herzenslust zu toben.

Das sorgt für Wärme im Herzen in einer manchmal gefühlskalten Zeit.

SAG EINFACH NEIN!

Man muss auch mal Nein sagen können, weil man sonst vor lauter Anderen-einen-Gefallen-tun keine Zeit mehr für die eigenen Angelegenheiten hat. Sage lieber bewusst öfter Nein, dann hast du auch mehr Muße für die Dinge, zu denen du Ja gesagt hast.

Und nimm nur Sachen an, hinter denen du voll und ganz stehst, damit du sie mit ganzer Kraft erledigen kannst.

ES LOHNT SICH
ZU LEBEN,
WEIL MAN NICHT
ALLEINE IST

An manchen Tagen, wenn das Telefon nicht klingelt, der Briefkasten leer bleibt und man sich von der ganzen Welt verlassen fühlt sollte man nicht anfangen, im Selbstmitleid zu vergehen. Greif doch selber zum Telefonhörer oder besuche spontan eine Freundin.

Und schon wirst du merken, dass du gar nicht alleine bist.

BLEIB NEUGIERIG

Versuche immer und überall Neues
und Ungewöhnliches zu entdecken.
So bleibt dein Leben bunt und ohne
Langeweile.

Und du steckst andere damit an,
das Leben mit Neugierde
zu betrachten.

LOBE DICH SELBER

Lob ist selten und darum etwas Wertvolles. Deshalb sollte man sich ab und zu mal selber auf die Schulter klopfen. Lobe dich selber auch für kleine Dinge, die andere vielleicht nicht einmal bemerken würden.

Und wenn es dir einmal nicht so gut geht, dann halte dir nicht all das vor, was schief gegangen ist, sondern erfreue dich an allem, was dir schon gelungen ist.

RÄUME AUF
UND WIRF
BALLAST AB

Nimm dir Zeit, um mal wieder richtig aufzuräumen. Miste den Schrank oder die Truhe aus, und du wirst sehen, wie viel Überflüssiges sich im Laufe der Jahre angesammelt hat. Trenne dich von schmerzhaften und belastenden Erinnerungen!

So kann deine Seele wieder atmen.

IN DER
RUHE LIEGT
DIE KRAFT

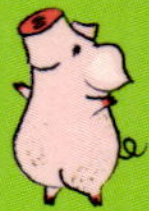

Versuche in turbulenten Zeiten die Ruhe zu bewahren. Denn wenn du anfängst, hektisch zu werden, geht schnell etwas zu Bruch.
Du machst Fehler und musst noch einmal von vorne anfangen.

Doch du wirst merken, wie viel angenehmer es ist, etwas mit Ruhe zu tun, auch wenn es ein wenig länger dauern mag, dafür dann aber Hand und Fuß hat.

SEI

MUTIG!

Wenn du mit einer Situation unzufrieden oder sogar unglücklich bist, dann finde dich nicht damit ab. Versuche sie zu ändern, bis du zufrieden bist. Und nur wenn du die Umstände wirklich nicht ändern kannst, dann musst du deine Konsequenzen ziehen.

Gehe beherzt auf die Dinge zu und packe sie an!

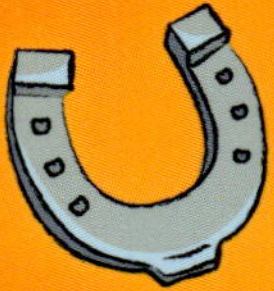

UNTERSCHEIDE
WAHRE FREUNDE
VON FALSCHEN

Lass dich nicht blenden und schau hinter die Fassade. Nicht jeder, der dich fasziniert, kann auch wirklich ein Freund sein. Überlege, bei wem du dich wirklich wohl fühlst und wem du voll und ganz vertrauen kannst. Es werden nicht viele Menschen sein, die diese Kriterien erfüllen.

Aber ein wahrer Freund ist tausendmal mehr wert als zehn falsche Freunde.

HÖRE AUF DEINE INNERE STIMME

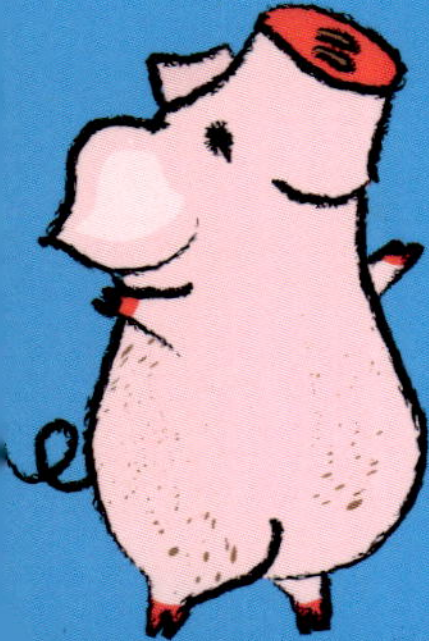

Achte bei Entscheidungen auf deine innere Stimme. Wenn du merkst, dass dir bei einem noch so vernünftigen Entschluss Zweifel kommen und du irgendwie ein komisches Gefühl hast, dann schlaf noch mal drüber.

Meistens hat der Bauch Recht!

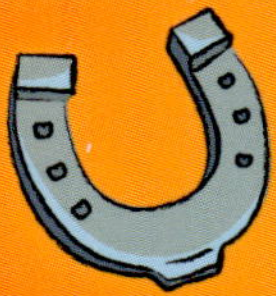

GLAUB DARAN,
DASS **WÜNSCHE**
WAHR WERDEN

Es gibt Dinge, die wünscht man sich so sehr und von ganzem Herzen. Andere belächeln dich deswegen und sagen, dass du nicht hinter einer Sache herlaufen sollst, die von vorneherein zum Scheitern verurteilt ist. Aber manchmal, wenn der Wunsch wirklich ganz tief aus deinem Inneren kommt, geht er in Erfüllung.

Verliere den Glauben an solche Wunder nicht.

HAB VERTRAUEN

Sorge dich nicht ständig und zerbrich dir nicht den Kopf über Dinge, die du ohnehin nicht ändern kannst. Hab Vertrauen in das Leben und lass geschehen, was geschieht.

So wird sich alles finden.

LASS ES DIR
HEUTE RICHTIG
GUT GEHEN

Denke heute nur an dich! Wozu hättest du Lust? Die Beine hochlegen und den ganzen Tag mit einem guten Buch auf dem Sofa verbringen? Lass deine Seele baumeln und den Alltag hinter dir.

Nur wenn es deiner Seele gut geht und sie ausgeruht ist, kannst du in stressigen Zeiten einen kühlen Kopf bewahren.

VERSCHÖNERE DEIN ZUHAUSE

Kaufe dir einen besonders schönen Kerzenständer oder die hübschen Sitzkissen, die du letztens gesehen hast. Stelle ein paar Möbel um, und schon bringst du frischen Wind in dein Zuhause. Denn wie schön ist es, gerne nach Hause zu kommen.

Und wenn du dich daheim wohlfühlst, dann kommen auch gerne liebe Menschen zu Besuch und erfüllen dein Haus mit Leben.

VERLERNE
DAS LACHEN
NICHT

Sich mal wieder vor Lachen ausschütten, bis der Bauch wehtut. Wer kennt das nicht. Und wie gut man sich danach fühlt! Sieh die Welt um dich herum nicht so verkniffen, sondern lache einfach mal so richtig aus vollem Hals.

Am besten dann, wenn du eigentlich über ein Missgeschick schimpfen wolltest.